QUELQUES MOTS

SUR

LA PROCLAMATION

DE M. LE VICOMTE DE CHATEAUBRIAND,

PAIR DE FRANCE.

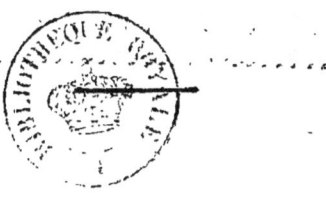

A PARIS,

Chez BAUDOUIN frères, rue de Vaugirard, n° 36.

1818.

DE L'IMPRIMERIE DE BAUDOUIN FILS.

QUELQUES MOTS

SUR

LA PROCLAMATION

DE M. LE VICOMTE DE CHATEAUBRIAND,

PAIR DE FRANCE.

CE n'est ni un ouvrage ni une brochure que je publie : ainsi s'exprime M. de Châteaubriand lui-même sur le nouvel écrit qu'il vient de mettre au jour; mais, en lui donnant le titre modeste de *réclamation*, convenait-il bien d'employer un style pompeux de *proclamation?* Quelques personnes avaient vanté le mérite littéraire des brochures politiques du même auteur; d'autres, mieux averties de ses vrais intérêts, l'avaient depuis félicité de son silence; M. de Châteaubriand renonce à l'approbation de celles-ci, et nous doutons que celles-là lui conservent la leur au même titre.

Au moins si la politique gagnait ce que perd la littérature! M. de Châteaubriand, avant d'écrire des *Remarques sur les affaires du moment*, aurait-il donc oublié de remarquer lui-même qu'il n'y a point d'*affaires* de ce genre dans un gouvernement régulier, où règnent la légitimité, toujours durable, et une constitution immuable comme elle. On voit des partis d'un moment, des hommes d'un jour, des opinions d'une heure; mais les *affaires* d'État n'ont point cette mobilité. Ce qui est juste et vrai dans un moment le sera dans un autre. Un système, fruit du passé, mûri par le présent, et que goûtera l'avenir, n'a rien de momentané. Cet illustre écrivain s'est dérangé, dit-il, de grands travaux historiques pour composer cet écrit de circonstance. Qu'il se rassure; qu'il continue d'écrire l'histoire : ce qu'il met en récit, le Gouvernement le met en action. C'est l'histoire, cette éternelle conseillère des peuples et des Rois, qui dicte les mesures qu'il croit nées du moment; l'histoire, dont la Charte elle-même n'est que l'éloquent résumé; l'histoire, qui domine seule toutes les institutions et tous les hommes, ou plutôt par qui les hommes et les choses règnent seulement avec durée. La meilleure manière de donner au Gouvernement des avis politiques, c'est donc de publier une bonne histoire de France. Nous ne pouvons que souhaiter de voir M. de Châteaubriand se livrer en paix à ces travaux auxquels la nature de son esprit, toujours positif, et de son style, toujours sévère, semble le rendre plus propre qu'aucun autre. Sa plume s'est arrêtée, dit-il, au moment où *il recherchait l'origine de la noble race de Saint-Louis;* qu'il continue, qu'il se hâte d'arriver à cette époque où la ligue, calmée par les vertus de Henri IV, se transporta dans son propre parti, où les bienfaits et la clémence du modèle des Princes ne firent de Biron qu'un parjure et qu'un ingrat; et surtout que l'historien nous révèle par qui fut dirigé le poignard régicide sous lequel périt ce bon Roi. Nous désirons que, dans le cours de ce travail, M. de Châteaubriand ne soit pas forcé, comme historien de bonne foi, de paraître quelquefois plus sévère aux hommes même à qui, dans ce nouvel écrit, il jure, comme *ami*, une éternelle *fraternité*.

Fort incrédule d'ailleurs sur l'existence de toute conspiration, dont la nature, les moyens ou le but dérangeraient les calculs prophétiques de l'auteur de la *Monarchie selon la Charte*, M. de Châteaubriand se montre constant à poursuivre le fantôme, né de ses terreurs, qu'il a produit dans le monde, dès 1816, qu'il a vu croître en 1817, et marcher à son but, où sans doute il arrive cette année. La *chimère illégitime*, que lui a révélée la puissance de sa vive imagination, et qu'il aperçoit partout, sans l'avoir saisie nulle part, cet être de raison (car il faut lui supposer cette origine, au moins par politesse) lui apparaît encore ; son effroi s'augmente, le fantôme grandit, il va toucher au terme : malheureusement le bon sens souffle quelques mots sur cette fantasmagorie politique, et l'apparition s'évanouit, ou M. de Châteaubriand se réveillera comme Platon.

On a épuré le civil et l'armée, comme je l'avais prédit. Voilà toute l'accusation réduite aux termes les plus simples ; car, au fond de tous ces écrits, que trouve-t-on ? Le regret des emplois. Toutes ces brochures sont des formules variées de pétition. L'un demande en suppliant, l'autre en accusant, quelques-uns en effrayant s'ils peuvent : tel même aurait imaginé de réclamer, près des cabinets étrangers, une place dans le ministère français, sauf à obtenir ensuite l'approbation du Roi, et l'assentiment de la France. Nous regrettons que M. de Châteaubriand ait prononcé ce mot *d'épuration* auquel se rattachent des souvenirs que *la fraternité*, qu'il a jurée, lui conseillait de ne pas évoquer. On *épurait* en 1815, aujourd'hui l'on *institue*. Il y a des puretés relatives : mais des institutions fondées sur l'estime réelle des hommes et sur le sentiment de l'intérêt public, sont absolues et durables.

Les *épurations* ont précédé, les *conspirations* vont suivre. Voilà, selon l'auteur des *remarques*, le cortége du fantôme illégitime qui marche au renversement de l'ordre actuel. Nous venons d'expliquer le mot *épurer*. Il serait bien important de s'entendre sur celui de *conspiration*, plus sérieux encore, plus grave, plus alarmant. Si je comprends bien les doutes de M. de Châteaubriand, on peut fabriquer des conspirations. C'est ce que l'on savait avant qu'il fût question de celle de Paris. *Des conspirations jacobines* ont éclaté, dites-vous ; il fallait bien qu'on en *découvrît* une toute *royaliste*. J'ignore quelles dénominations conviennent aux mouvemens de Grenoble, et surtout à ceux de Lyon ; je ne connais encore que quatre noms des prévenus du complot découvert à Paris. J'attends, pour distribuer les épithètes de royalistes et de jacobines à l'une et à l'autre de ces tentatives, les révélations auxquelles donnera lieu le double procès qui s'instruit sur cette double intrigue. M. de Châteaubriand déclare *qu'il ne veut point se placer entre le juge et le justiciable*; cependant il y place quelques pages fort éloquentes sans doute, mais déplacées, au moins, si je l'en crois lui-même. J'y vois qu'il est bien dur pour un général qui a combattu dans la Vendée, d'être plongé dans les cachots. Je ne comprends point ce que le dévouement de telle époque aurait de commun avec les préventions de telle autre. Je sais que ce général a versé du sang vendéen; mais je ne croyais pas que ce fût le sien.

Les correspondances de journaux étrangers appartiennent, s'il faut en croire M. le vicomte de Châteaubriand, au système désorganisateur. Lesquelles, lui demanderai-je, et quel journal signalez-vous ? Il m'est tombé trop souvent dans les mains quelques extraits d'un journal anglais, appelé, je crois, *New-Times*, dont mes sentimens, ma raison et mon goût n'ont été que trop révoltés. Les auteurs des correspondances que vous signalez, ont, dites-vous, la lâcheté de ne rien signer; en effet, les articles infâmes que j'ai vus étaient sans signature. Ils osent attaquer, ajoutez-vous encore, les noms les plus augustes! Hélas! j'en ai frémi, je m'en suis indigné; aucune offense ne pouvait prétendre plus haut! Enfin vous avouez que la dignité nationale n'est pas plus respectée par eux : assurément, car j'ai lu plus d'un honteux appel à l'étranger, dans ces pages datées de Paris, contre ce que les correspondans appellent la population révolutionnaire de France! Si d'autres écrivains ont cru devoir répondre à ces attaques, sans doute en termes plus mesurés, j'excuserais du moins une défense légitime, en faisant des vœux pour que les auteurs de ces injurieuses déclamations vous soient aussi inconnus que le sont à moi-même ceux qui auraient tenté de défendre la couronne et la France, calomniées devant l'Europe! J'aime à croire qu'un écrivain illustre, revêtu d'un caractère respectable (1), quelque engagement

---

(1) M. de Châteaubriand parle souvent d'écrivains qui se croient revêtus, *dit-il*, de l'INVIOLABILITÉ du mépris. Nous lui répon-

qu'il eût pu prendre d'ailleurs, avec des hommes de telle ou telle opinion, ne se plairait pas de gaîté de cœur, à dénoncer une défense, s'il connaissait l'attaque; mais j'ai peine à m'expliquer, toutefois, qu'un journal, rempli souvent de l'éloge de M. de Châteaubriand lui-même, ne lui soit pas connu : cela honore beaucoup sa modestie, car je ne soupçonne point sa bonne foi.

Quant à l'impatience que témoigne l'auteur des *Remarques* d'être informé des détails de l'instruction et de les voir publiés par toute la France, nous ne pouvons que le renvoyer aux premiers chapitres de l'ouvrage de *la Monarchie selon la Charte*. Il y verra, dans un exposé très-lucide des vrais principes constitutionnels, que l'indépendance des tribunaux est une des premières garanties de cette forme de gouvernement, et qu'elle repose toute entière sur le secret des instructions et la publicité des débats. Nous lui aurions bien cité Montesquieu ; mais sans doute préfère-t-il l'auteur auquel nous l'adressons. Au moins doit-il lui accorder pleine confiance, car il le cite assez souvent.

---

drons qu'il est bien facile de se passer de celle-là quand on possède une *inviolabilité reçue pour un autre usage*, et dont on craint si peu de se prévaloir.

La *Note secrète* (qui, pour l'honneur de quelques français, aurait dû toujours l'être), fournit le texte des dernières pages de ces *Remarques*. Je vois avec plaisir les nouvelles protestations de M. de Châteaubriand, contre les soupçons élevés sur sa participation à cet ouvrage, et sur sa complicité dans cette démarche. Rassuré, sous ce dernier rapport, par la position de M. Châteaubriand, comme pair de France, je le suis bien davantage encore par son talent comme écrivain, et j'avoue que la lecture seule de cette note réfutait assez cette présomption. Jamais d'indignes sentimens n'ont été revêtus d'un style plus conforme ; l'expression vaut la pensée. Mais comment M. de Châteaubriand, qui a lu cet écrit, puisqu'il le cite, s'obstine-t-il à en méconnaître l'intention et le but ?

L'auteur de la *Note secrète*, dit l'auteur des *Remarques*, ne proteste point contre l'évacuation du territoire. Mettons de côté les sophismes et les mots ; voici toute la logique de cet écrit : osez la méconnaître. « Nous ne de-
» mandons point qu'on partage la France ;
» nous ne désirons point qu'on l'occupe mili-
» tairement ; nous croyons encore moins au
» succès d'un changement de dynastie ; nous

» n'osons pas prévoir qu'il pourrait résulter
» quelque bien de la suppression du système
» représentatif; mais, dans l'état des choses,
» après avoir vainement tenté de ramener le
» Roi et son ministère à nos doctrines, qui peu-
» vent seules sauver la France, nous pensons
» que les souverains alliés ont le droit de dé-
» clarer à Louis XVIII qu'ils n'évacueront point
» le territoire, sans qu'il ait changé son système
» de gouvernement, et remplacé les ministres
» actuels par l'auteur de la *Note* et ses amis. »

Et si le roi de France refuse de se rendre à cette insinuation!!! Quoi! ce n'est pas là demander l'occupation militaire de notre patrie! ce n'est pas mettre à l'évacuation les conditions impossibles de l'avilissement du trône et du triomphe des intérêts anti-nationaux! Enfin, ce n'est pas invoquer le glaive des étrangers contre le sceptre de votre Roi! quel triste abus de mots, quelle insulte au bon sens des lecteurs! Celui-là aussi prétendait ne point voter la mort du Roi, qui n'avait accompagné son vote régicide que d'une restriction dont l'accomplissement était impossible. Ah! votre vote pour notre servitude est encore plus certain, car vous y mettez seulement pour réserve le sacrifice de la majesté de la couronne que Louis XVIII saura toujours défendre!

En résumé, la brochure de M. de Châteaubriand contient quatre propositions :

1°. On conspire. Qui? le Gouvernement; contre qui? contre le Gouvernement; par quels moyens? en répudiant des hommes ennemis ou inhabiles, pour n'employer que des hommes dévoués et capables; en se défendant avec la modération de la force, contre des attaques dirigées avec toute la rage de la faiblesse et la violence de la mauvaise foi.

2°. Il est impossible que les royalistes aient conspiré contre le Roi; dans tous les cas, cette conspiration n'eût pas eu de succès durable dans un gouvernement constitutionnel, et puisqu'elle était impuissante, elle est excusable et même légitime!

3°. Au moins le Gouvernement devait-il se hâter de publier, par la voie des journaux qui sont à sa disposition, tous les détails de cette affaire (sans doute pour mieux avertir ceux qui auraient eu besoin de l'être, et pour enlever à l'autorité judiciaire les ressources qu'elle trouve dans l'emploi très-constitutionnel du secret en matière d'instruction).

4°. Les amis de la cause royale n'ont pas dérogé à leurs devoirs de citoyens et de sujets en invoquant l'intervention de l'étranger contre la volonté du Roi et les intérêts de la France; et ils n'ont point protesté contre l'évacuation du territoire, car ils n'ont fait que supplier les Souverains d'y mettre une condition impossible!

Je laisse aux lecteurs de bonne foi le soin impartial de juger cette logique, qui n'appartenait qu'à des congrégations abolies, heureusement pour les Princes du sang de Henri IV! Voilà pour le fonds. Je ne hasarderai qu'une remarque sur la forme. Le nom de la *Vendée* se reproduit plusieurs fois en trente-deux pages. J'y cherche celui de la France. Un département est-il donc le royaume? Ce nom, sans doute, retraçait à ma pensée de grands souvenirs de dévouement à des époques déplorables. Mais doit-on l'invoquer au milieu de la paix et du bonheur dont nous jouissons, quand le boccage retentit encore des mots *d'union et d'oubli*. Ah! laissez au cœur du Roi le soin de se rappeler les services! Mais laissez les Français oublier leurs malheurs!

M. de Châteaubriand termine sa *proclamation*

par un *appel*. Il donne, pour la prochaine session, rendez-vous aux *honnêtes gens*, dans la *minorité* des Chambres! Nous avons peine à concevoir que le noble pair ait permis à l'illustre écrivain une distraction de ce genre, dont les deux *majorités* des deux Chambres auraient le droit de s'étonner, si l'on n'avait pris soin de nous expliquer depuis long-temps ce que signifie ce mot *d'honnêtes gens*. Aussi nous nous empressons de rassurer *tout honnête homme* de la *majorité*, qui n'a point l'honneur de faire partie des *honnêtes gens* de la *minorité*. Tel est l'abus des mots. Eh bien! nous acceptons avec joie le rendez-vous offert. Électeur moi-même, j'aurai soin de ne députer, pour ma part, à la Chambre qu'un honnête homme. Vous y viendrez armé de vos soupçons, de vos terreurs, de vos accusations : il s'y présentera sans prévention, sans défiance; attentif aux effets d'un système qu'il ne voudra juger que par ses résultats! Les faits parleront contre les mots; et dans un gouvernement constitutionnel, quelque confiance que tel personnage ait pu mettre dans ce qu'il nomme les *conspirations de l'esprit*, on reconnaîtra ce que la justice, la raison et le patriotisme ont d'avantages sur l'éloquence, même poétique : il est dangereux de se laisser tromper par le voisinage de l'Académie et de la Chambre des Pairs. On nomme Pitt : il ne faisait point de brochures, encore moins de poëmes. Sans doute le talent littéraire et le dévouement personnel sont des titres puissans. Nous aimions à reconnaître même combien l'on a justement acquis le droit de parler d'une *foi éprouvée par 25 ans de malheurs*, quand on s'est vu réduit à traverser, avec elle, des emplois et des salons où elle se trouvait sans doute fort mal à l'aise. Je citerais telle phrase ou telle démarche qui a dû coûter autant au cœur d'un écrivain, secrètement royaliste, à Rome, à Londres ou à Paris, qu'il en coûtait à un brave vendéen de défendre une position. Aussi je ne m'étonne pas de voir rapprocher des noms qu'on n'aurait pas imaginé de faire rencontrer ensemble. J'apprends à ne m'étonner de rien, pas même d'entendre dire, avec toutes les apparences de la bonne foi, que le jour de l'évacuation ne sera point, pour les ennemis des libertés nationales, *la vraie journée des dupes*.

www.ingramcontent.com/pod-product-compliance
Lightning Source LLC
Chambersburg PA
CBHW061614040426
42450CB00010B/2484